LA CROIX

DE PIERRE.

CORBEIL. — IMPRIMERIE DE CRÉTÉ.

LA CROIX
DE PIERRE

PAR

M. MARDELLE,

AUTEUR

DES PRINCES NORWÉGIENS, DE L'AVEUGLE DE VALENCE, D'UNE NUIT AU
FORT DE DERPT, DE LA PETITE MAISON D'AUTEUIL, ETC., ETC.

IV

PARIS,

ALLARDIN, LIBRAIRE,

QUAI DE L'HORLOGE, 57.

1836.

I.

Une partie de la prison de Coblentz
avait été mise à la disposition de Calonne.
Elle se composait d'une trentaine de cachots infects, de douze pieds de long sur
six de large, qui n'étaient garnis d'au-

Les émigrés qui osaient critiquer les déprédations révoltantes de ce ministre, ou faire la moindre observation sur les folles dépenses des princes, sur la conduite scandaleuse du comte d'Artois et de ses courtisans (1), étaient traités de

(1) L'électeur de Trèves fournissait aux princes, frères de Louis XVI, le pain, le vin d'ordinaire et la viande de boucherie ; néanmoins l'excédant de leur table coûtait *cinquante mille livres par mois.* Dans ce gaspillage domestique, il se perdit *quatre-vingt-dix* couverts d'argent et *huit cents douzaines* de serviettes appartenant à l'électeur. Celui-ci, après le départ des princes, fut obligé de faire faire pour *soixante mille* livres de linge. Le grand Frédéric, au milieu de sa prospérité, avait borné la dépense habituelle de sa table, pour lui et pour les officiers de sa maison, à trente écus par jour. La table des frères de Louis XVI, sans couronne, sans États, et dans un temps de calamité la plus grande, coûtait plus de mille écus par jour, sans comprendre ce que

jacobins, et privés de leur liberté, sans pouvoir obtenir de juges. Plus ils les demandaient, plus ils étaient torturés. Calonne, qui ne les accordait qu'aux coupables, les refusait obstinément aux innocens. Les accorder à ces infortunés, c'eût été se soumettre à la loi ; c'eût été assurer le triomphe de l'honneur et la liberté de ses victimes ; c'eût été les faire échapper à sa vengeance, et renoncer au cruel plaisir de les assassiner à tous les instans de leur vie.

Cependant Roger, après avoir traversé

l'électeur leur fournissait. Leur maison domestique s'accroissait dans la même proportion. Frédéric, solidement assis sur le trône, au milieu de ses États, n'avait que huit cuisiniers ; les princes, frères du roi, proscrits et fugitifs, avaient vingt cuisiniers à Coblentz.

la ville au milieu des soldats qui l'escortaient, fut conduit dans la citadelle, et remis entre les mains du major Fabre par Prioran. Ce chef de la police lui rendit compte des motifs de l'arrestation de Roger qui, disait-il, s'était rendu coupable d'un attentat qu'on pouvait considérer comme une tentative d'assassinat puisqu'il avait osé provoquer trois gentilshommes, et en avait même blessé un d'une manière déloyale.

— D'ailleurs, ajouta-t-il, cet homme exécrable que vous voyez devant vous est un ancien garde-française.

— Un garde-française !!! s'écria le major.... Quoi! voici un de ceux qui ont donné le signal de la révolte!... Parbleu, mon cher M. Prioran, je vous remercie de m'offrir l'occasion de châtier un de ces misérables qui ont si indignement trahi l'infortuné Louis XVI.

— J'étais certain d'avance, major, du plaisir que vous éprouveriez à disposer du sort d'un de ces scélérats.

— Je vous avoue que c'est une bonne fortune pour moi. Celui-ci ne risque rien : il paiera pour ses camarades. L'on ne saurait trop sévir contre ces grands coupables !..... Mais je ne sais où je vais faire conduire notre homme; en ce moment, tous mes cachots sont pleins : il n'y en a pas un seul de libre.... hé bien! il partagera celui d'un autre prisonnier : il n'y sera pas fort commodément... Deux hommes dans un lieu aussi exigu seront un peu à l'étroit.... N'importe : c'est encore trop bon pour un brigand de cette espèce. Qu'on le conduise au n° 27 : c'est le cachot le plus aéré de la prison.... D'ailleurs, il ne tardera pas à l'occuper à lui seul.... Le pauvre diable qu'il y trouvera n'a plus que quelques jours à vivre : c'est un vieillard atteint d'une maladie qui doit nécessairement l'enlever au premier jour.

Prioran se retira satisfait des dispositions de Fabre à l'égard du prisonnier que ce major fit conduire dans le lieu où il devait être renfermé.

Dès que Roger fut dans le cachot, la porte se referma sur lui avec fracas, et il se trouva tout à coup dans une obscurité si profonde, qu'il ne put d'abord distinguer aucun objet. Apercevant néanmoins une faible lueur qui pénétrait par une petite fenêtre grillée, il se dirigea de ce côté; mais, après avoir fait quelques pas, son pied heurta contre un individu qui poussa un profond soupir.

— Hé bien! Rudolf, dit ce malheureux d'une voix affaiblie, avez-vous enfin pitié de ma souffrance? M'apportez-vous ce que je vous ai demandé avec tant d'instance?

— Quels accens!.... grand Dieu!... si c'était.....

— Ce n'est point la voix de mon geolier!

— Non; c'est celle d'un homme qui vient partager votre captivité.... Mais qui êtes-vous?...

— L'être le plus malheureux de la terre.

Les ténèbres épaisses qui avaient

d'abord obscurci la vue de Roger se dissipant peu-à-peu, il distingua, étendu sur un peu de paille, un vieillard portant une longue barbe blanche.

— Que vois-je! quel spectacle!

— C'est celui d'un infortuné qui lutte depuis deux jours contre la mort... Un bouillon suffirait pour me racheter la vie...... mon impitoyable geolier me le refuse..... Il lui faut de l'or..... et le cruel m'a enlevé tout ce que je possédais.

— Mais, je ne me trompe point...... votre voix..... oui, vous êtes le marquis de Vermont!

— Hélas!.... oui..... mais..... vous-même...... n'êtes-vous pas Roger?

— Oui, c'est moi. Ciel! dans quel

état je vous retrouve! Qui peut vous avoir réduit à cet excès de misère?

—Des monstres...... qui n'ont rien de sacré sur la terre.. ... Le comte de Provence...... son frère.... ce misérable Calonne...... voilà, voilà les auteurs des maux inouis.... que j'endure.... ici..... depuis plus de six mois....... Mais....je suis, tellement exténué.... que je n'ai plus la force de parler:.... je sens.... oui c'en est fait.... je vais mourir.... si de prompts secours....

Sur ces entrefaites, le bruit des verrous se fit entendre; la porte du cachot roula sur ses gonds, et le geolier entra avec un porte-clés qui jeta une botte de paille sur le carreau.

—Tenez, dit le geolier à Roger, voici de quoi vous coucher. Demain, à dix heures, vous recevrez une ration de pain et d'eau, et, chaque jour, on renouvellera votre pitance. Si l'ordinaire de la maison ne vous suffisait pas, je pourrais vous procurer d'autres ali-mens, si toutefois vous êtes à même d'en payer la valeur.

— Puisqu'il vous faut de l'argent, je vous en donnerai; mais hâtez-vous de secourir ce vieillard; faites-lui prendre le bouillon dont il a un si pressant be-soin.

— Cela coûtera un écu de six livres, je vous en avertis.

— Tenez, le voici... J'y ajouterai six autres pièces, pour que vous nous ap-portiez un panier de vin généreux et quelques biscuits.

—A la bonne heure.... au moins c'est

un plaisir avec vous : il y a de quoi faire de bonnes affaires..... Si tous mes prisonniers agissaient de cette manière, je pourrais m'entendre avec eux, et j'y trouverais mon compte.

Dès que le geolier et le porte-clés sortirent, de Vermont fit un effort pour se mettre sur son séant, et chercha à articuler quelques mots ; mais les paroles expirèrent sur ses lèvres, et bientôt il éprouva une si grande faiblesse, qu'il s'évanouit dans les bras de Roger. Sa défaillance dura jusqu'au retour du geolier qui apporta les provisions dont il venait d'être payé si généreusement. Il aida Roger à faire revenir de son évanouissement le malheureux de Vermont qui, après avoir pris un bouillon et un verre de vin, recouvra assez de force pour reprendre la parole.

—Rudolf, dit-il au geolier, laissez-nous seuls : j'ai beaucoup de choses à dire à ce brave prisonnier.

— Il paraît que vous êtes de vieilles connaissances, répondit le geolier..... tant mieux pour l'un comme pour l'autre... Vous pourrez du moins parler de vos souvenirs ; cela vous fera passer le temps..... Mais je ne veux pas être indiscret en restant plus long-temps auprès de vous : je me retire.

— Maintenant que nous sommes seuls, poursuivit Roger, faites-moi connaître la cause de votre détention.

—Je suis privé de ma liberté pour avoir osé réclamer de *Monsieur* la somme qu'il me devait légitimement.

C'est ainsi que ce prince, le plus égoïste des hommes, a reconnu le service que je lui avais rendu; mais, avant de vous donner les détails relatifs à l'ingratitude du comte de Provence, je dois vous expliquer comment je suis parvenu à sortir de France..... Lorsque, grace à votre générosité et à celle du fils de Léonard, j'échappai aux poursuites dirigées contre moi, j'errai une partie de la nuit dans les environs de Lille. Me trouvant bientôt sur les bords de la Deule, je traversai cette rivière à la nage dans un endroit dégarni de troupes; je gagnai la frontière, et j'arrivai à Tournay à la pointe du jour. Là je fus hors de danger ; mais un coup plus funeste que la mort allait m'être porté. Au moment de nous séparer, mon cher Roger, vous m'aviez remis un journal, en me recommandant de ne le lire que quand je serais au delà de la frontière. Hé bien ! je le lus ce fatal journal.... Hélas! quel fut mon désespoir, quand il me fit connaître le sort de votre sœur! Infortunée Marie!... combien j'ai pleuré ta mort! Ah! mon cher Roger, si vous saviez.... si vous aviez été témoin de toutes mes angoisses, de toutes mes douleurs..... mais vous avez sans doute éprouvé comme moi des regrets bien amers... et les pleurs qui, en ce moment, inondent votre visage, les sanglots dont vous êtes suffoqué attestent assez combien vous partagez ma peine.

— Pauvre Marie !

— Je ne puis songer à cette femme adorable sans verser des larmes de sang...

c'est au moment où j'espérais m'unir à elle que, victime du plus horrible des forfaits, elle fut ravie à ma tendresse....Quelle destinée, grand Dieu!

— O ma sœur!.... le souvenir de tes vertus sera toujours présent à ma mémoire. Il n'y a pas d'instant que je ne pense à tes malheurs.... mais, mon cher M. de Vermont, remettez-vous, et achevez de m'instruire de ce qui vous est arrivé depuis notre séparation.

— Le chagrin que je ressentis de la perte de ma chère Marie me causa une maladie qui dura plus d'un mois. Quand je fus rétabli, j'allai habiter Bruxelles où je restai jusqu'à ce que mes ressources pécuniaires fussent épuisées; alors je pris le parti de me rendre auprès du comte de Provence, persuadé que ce

prince m'accueillerait favorablement ,
et s'empresserait de me rembourser les
cinq cent mille francs que je lui avais
prêtés en 1791. Mais combien je fus
trompé dans mon attente! En arrivant à
Coblentz où *Monsieur* avait fixé sa rési-
dence, ce prince, au lieu de s'acquitter
envers moi, me demanda si je pouvais
lui prêter de nouveaux fonds. D'après
ma réponse négative, il me témoigna
son mécontentement. « Que venez-vous
faire ici? ajouta-t-il ; le premier devoir
d'un gentilhomme français est de tout
sacrifier pour son prince. Si, comme
l'honneur vous le commande, vous êtes
disposé à embrasser la cause du trône
et de l'autel, on vous placera dans un
corps privilégié. Faites-moi connaître
quelles sont vos intentions. » Ayant ré-

pondu au comte de Provence que jamais je ne porterais les armes contre ma patrie, il me fit chasser ignominieusement de son palais. Je me retirais indigné de son ingratitude et de sa mauvaise foi, quand le comte d'Artois, qui venait d'assister à la réception que son frère m'avait faite, ordonna à Calonne de me faire arrêter et de me plonger dans un cachot. Cet ordre barbare fut exécuté sur-le-champ, et, depuis cette époque, je languis en ce lieu où sans doute je suis condamné à périr de misère.

—Quelle infamie!... Les lâches!.. et c'est pour de tels princes que toute l'Europe s'est armée contre la France!!!

— Oui, voilà les monstres qui ont appelé sur elle tous les maux qui la désolent! Ce sont ces scélérats qui ont provoqué les puissances étrangères à faire la guerre à notre pays, et ont allumé dans son sein les brandons de la discorde..... Mais vous, mon cher Roger, par quelle fatalité vous trouvez-vous ici? Quel est le motif de votre détention? seriez-vous aussi la victime de quelque odieuse persécution?

— Ayant été fait prisonnier au combat de Marchiennes, à la suite de deux graves blessures, je fus conduit en Hongrie où je restai jusqu'à l'époque du cartel d'échange qui vient d'avoir lieu entre la France et l'Autriche. En exécution de ce traité, j'arrivai hier dans cette ville, espérant continuer demain matin ma route sur Strasbourg, lorsque, me trouvant dans un café, je viens d'avoir, avec trois émigrés qui m'ont insulté, une rixe dans laquelle j'en ai blessé un assez grièvement. Mais si j'ai su leur prouver qu'on n'insulte pas impunément un républicain français, ils s'en sont vengés de la manière la plus lâche, en me faisant arrêter par leur garde de police, et c'est après m'avoir accablé d'injures que.....

Roger ne put achever : on ouvrait en ce moment la porte du cachot avec tant de précipitation, que les deux prisonniers tournèrent la tête. Ils aperçurent le geolier qui entrait d'un air effaré.

— Vite! vite! Monsieur, suivez-moi, dit-il à Roger. On vous attend.

— Dieu!... serait-il possible? Quoi! ils oseraient...

— Venez donc, morbleu!

— Oui, ils en sont capables ..... les lâches sont toujours cruels.

— Je suis glacé d'horreur, s'écria le vieillard en faisant un effort pour se jeter dans les bras de Roger. C'en est fait, mon ami; nous ne nous reverrons plus... Ces monstres vont vous assassiner.

— Ils verront du moins comme un républicain sait mourir... Tenez, voici ma bourse; elle vous servira à adoucir vos maux... Adieu, cher de Vermont.

— Hé bien! mille bombes, cria Rudolf d'une voix de tonnerre, aurez-vous bientôt fini avec vos embrassades? faut-il faire venir la garde pour vous arracher d'ici?

— Adieu, adieu, de Vermont!

Le vieillard tomba évanoui sur le carreau : Roger suivit le geolier d'un pas
ferme.

II.

Cependant Roger, après avoir parcouru le corridor qui conduisait au cachot d'où on venait de le faire sortir, ne tarda pas à se rassurer. N'apercevant aucun appareil militaire, il respira plus librement, et l'idée du supplice

qu'il s'attendait à subir se dissipa peu
à peu. Elle fit place à des transports de
joie, lorsqu'en entrant dans le logement de Rudolf, le capitaine Schaffner
s'élança vers lui et le pressa dans ses
bras.

— Mon cher Roger, lui dit-il, c'est
en vain que ces vils émigrés ont voulu
se venger de ce que vous les aviez traités comme ils le méritaient : les plaintes
que nous venons de porter contre le
chef de leur police ont produit l'effet
que nous avions droit d'en attendre, et
je viens de remettre au major Fabre l'ordre qui vous rend à la liberté. Suivez-
moi, mon ami ; hâtons-nous de sortir
de cette horrible prison.

Roger, après avoir fait promettre à
Rudolf d'aller rendre le calme à de

Vermont, sortit de la citadelle avec son ami qui lui donna tous les détails qui le concernaient, en exaltant le caractère du major autrichien qui, disait-il, avait parlé au baron de Kerpen d'un ton si ferme et si imposant, que ce gouverneur, craignant de compromettre l'électeur vis-à-vis de l'empereur, s'était empressé de signer l'ordre de sa mise en liberté.

Roger passa la soirée avec Schaffner et le major autrichien auquel il témoigna la plus vive reconnaissance.

Le lendemain, à la pointe du jour, il se remit en route avec les autres prisonniers de guerre, et, après quelques jours de marche, ils arrivèrent à Kehl où leur échange eut lieu.

Les adieux de Roger et de Schaffner

furent ceux de deux hommes qui avaient l'un pour l'autre autant d'estime que d'amitié.

Roger reçut à Strasbourg l'ordre de rejoindre une demi-brigade qui s'organisait à Phalsbourg, et, dès le lendemain, il était présent sous ses nouveaux drapeaux.

III.

L'HOMME A LA LONGUE BARBE.

CEPENDANT les Français ne tardèrent pas à pénétrer dans les provinces d'outre-Rhin. L'électeur de Trèves, effrayé des progrès de l'ennemi, ramassa ce qu'il avait de plus précieux, et abandonna précipitamment le pays, sans même songer à mettre la citadelle en état de défense.

Les émigrés, également frappés de terreur, suivirent son exemple.

Cette fuite du gouvernement de Coblentz était d'autant plus motivée, que cette ville avait été le chef-lieu de l'émigration, et que le citoyen Sainte-Croix, l'envoyé de la nation française, y avait été publiquement insulté, ce qui l'avait déterminé à partir, sans prendre congé de l'électeur, trois mois avant la déclaration de guerre.

Au milieu du désordre causé par l'arrivée des Français, les prisonniers renfermés dans la citadelle de Coblentz furent tous remis en liberté.

De Vermont, dont la santé s'était améliorée, profita de cette occasion

pour quitter une ville où il avait tant
souffert : il prit la route de France. Avec
le peu d'argent que Roger lui avait
laissé, il trouva le moyen de faire ce
long voyage. Il fut accueilli avec bien-
veillance partout où il se présenta. Les
Allemands sont généralement bons,
humains, hospitaliers. Le malheureux
de Vermont, portant une longue barbe
blanche, et couvert de vêtemens en
lambeaux, ne pouvait manquer d'exciter
leur commisération.

Ce fut dans cet état qu'arrivé en
France, il s'achemina directement vers
Avesne-le-Sec ; mais quel fut son désespoir, lorsqu'en arrivant dans ce pays avec
l'espérance d'y trouver sa fille, il ne vit
qu'un monceau de ruines ! Dans l'excès
de sa douleur, il se jeta sur le sol calciné

où gisaient les débris de la ferme de Germaine, et l'arrosa de ses larmes en invoquant le trépas.

Il resta quelques heures dans ce lieu désolé, appelant à grands cris Juliette et Germaine, lorsqu'un pâtre, attiré par ses lamentations, vint lui demander la cause de ses plaintes.

—Tirez-moi d'inquiétude, lui répondit-il; où sont ceux qui habitaient cette efrme?

—Dans le ciel..... Ils ont été indignement égorgés par les Autrichiens.

A ces mots, le vieillard tomba évanoui, et, malgré les secours du pâtre, ne put reprendre l'usage de ses sens.

Un paysan qui conduisait des grains à Bouchain en prit pitié; il le mit dans sa voiture et le déposa dans l'hospice de cette ville où il resta une huitaine de jours, après lesquels il se remit en route pour la capitale.

IV.

Cependant la passion de Ducrey pour Juliette n'avait fait que s'accroître avec le temps. Pour avoir l'occasion de la voir fréquemment, il lui avait fait faire plusieurs tableaux; mais Juliette, qui d'abord l'avait accueilli avec les

égards que les artistes ont ordinairement pour les amateurs qui aiment à
encourager les talens et protégent ceux
qui les exercent, ne tarda pas à deviner
le véritable motif de ses assiduités.

Dès lors, elle lui témoigna une extrême froideur et refusa même, sous
divers prétextes, de travailler pour lui.
Mais Ducrey, loin de se rebuter, lui fit
remettre une lettre où il exprimait son
amour avec feu, en lui déclarant que
son but était d'obtenir sa main.

Elle lui répondit en peu de mots
qu'elle ne pouvait qu'être fort honorée
de ce qu'un homme qui jouissait d'autant de considération et d'une aussi
grande fortune que lui daignât penser à
elle ; mais qu'ayant sa foi engagée, il ne
lui était plus permis de le recevoir.

Cette réponse le réduisit au plus affreux désespoir. C'est en vain que Lefort cherchait à le détourner d'une passion qui ne pouvait que lui causer des peines, puisqu'elle n'était point partagée; il ne pouvait se consoler. Le nom de Juliette était sans cesse sur ses lèvres ; elle occupait sa pensée jour et nuit, et on amour pour elle était si violent, qu'il ressemblait quelquefois au délire.

Lefort, le trouvant un jour plongé dans un chagrin mortel, lui en demanda la cause.

— Tu connais la passion qui me consume, lui répondit Ducrey, et tu me fais une semblable question!..... Faut-il te répéter que j'adore cette cruelle Juliette qui fait le tourment de ma vie ; que je ne puis vivre sans elle, et que, si un autre l'épouse , je suis capable de me brûler la cervelle?

— Oh ! pour le coup, voilà ce qui s'appelle de l'extravagance..... mais, Dieu merci, je ne crois pas un mot de ce que vous me dites.

— Je te jure, Lefort, que la chose est plus sérieuse que tu ne penses.

— Allons donc , M. de Pressigny, la vie que vous menez est trop agréable pour que vous y renonciez. Ce n'est pas quand on possède quatre cent mille francs de revenu qu'on se décide à la quitter.

— Avec toute cette fortune , je suis cependant le plus malheureux des hommes.

— Dites que vous êtes vivement con- trarié , je le conçois : mais certes le désagrément que vous éprouvez n'aura aucune suite funeste. Vous ne me persuaderez jamais qu'un des favoris de Barras, celui qu'il a si souvent admis à ses orgies, un homme qui a eu des liaisons avec une foule d'actrices, et qui, dernièrement encore, entretenait une danseuse de l'Opéra, puisse être long-temps affecté d'une disgrace que tout le monde peut éprouver..... Mais soyez donc raisonnable, mon cher maître! Puisque mademoiselle Juliette aime quelqu'un ; puisqu'elle vous en a fait franchement l'aveu, pourquoi persiste-riez-vous dans votre fol amour? Comme s'il manquait de jolies filles à Paris!... Allez, croyez-moi; renoncez à cette belle, et reprenez vos habitudes.

— Tu me demandes l'impossible....

Mais je réfléchis à une chose à laquelle je ne pensais point.... Si je m'adressais à son père!

— Vous feriez bien.... Vous êtes si riche, qu'un homme comme vous est toujours bienvenu quand il se présente pour épouser. Je parierais que le bon homme Chapsal vous préfèrera à votre rival qui n'est peut-être qu'un pauvre artiste, ou, pour mieux dire, un artiste pauvre : du moins c'est ce que je présume... Les femmes qui cultivent les arts ont ordinairement la tête si exaltée!

Le raisonnement de Lefort parut à Ducrey assez concluant pour le déterminer à tenter une démarche auprès de Chapsal.

En effet, le lendemain, il se présenta chez lui de bonne heure ; mais il avait mal pris son temps : Chapsal, ayant un voyage à faire, était au moment de monter en voiture. Il le fit néanmoins asseoir, et lui demanda le sujet de sa visite.

Ducrey, après lui avoir déclaré les sentimens qu'il éprouvait pour Juliette, lui dit qu'il la prendrait sans dot. Il lui donna des détails sur sa fortune, et chercha à faire valoir les immenses avantages qu'une femme trouverait avec lui.

— Je vous félicite du bonheur de posséder tant de biens, lui dit Chapsal en l'interrompant ; mais fussiez-vous vingt fois plus riche, vous n'obtiendriez pas Juliette... Il paraît, Monsieur, que vous n'êtes guère au fait de ce qui la concerne. Vous me croyez son père ;

il n'en est rien. Juliette est une pauvre orpheline que j'ai recueillie. Je l'appelle ma fille, parce que j'ai pour elle la tendresse d'un père et qu'elle doit épouser mon fils.

—Quoi! M. Prosper serait mon rival!

—Tout juste... Ah! dame, il n'a pas encore autant de biens que vous ; mais il est jeune, il est beau, il est bien fait, il est aimable, et, avec ces qualités, il n'est pas étonnant qu'il ait plu à Juliette. Ainsi donc, Monsieur, croyez-moi, ne pensez plus à elle; vous perdriez votre temps.

— Mais, Monsieur, si mademoiselle Juliette n'a rien, ce n'est pas pour votre fils un mariage convenable. D'ailleurs, j'ai quelque crédit dans le monde, et je me chargerais volontiers de procurer

à M. Prosper une alliance qui lui offri-
rait toutes les faveurs de la fortune.
Quant à vous, vous ne devez pas tenir
beaucoup à cet engagement qui ne
pourrait que vous être onéreux.

— Vous ne me connaissez point,
Monsieur ; j'aime trop mon fils pour
le rendre malheureux.

— Mais si, pour vous décider à se-
conder mes vues, je vous révélais un
secret qui augmenterait tout à coup
votre fortune de plus d'un million en or,
que feriez-vous ?

— Je ne comprends pas comment
vous pourriez me mettre à même de
faire en un instant un gain aussi con-
sidérable. J'ai cependant fait beaucoup
d'affaires dans ma vie.

— Je vous le répète, Monsieur, si

vous voulez me faire épouser Juliette, je n'ai qu'un mot à dire, et demain vous aurez plus d'un million dans vos coffres.

— Dites toujours; je verrai après ce que j'aurai à faire.

— Hé bien! apprenez donc que, dans l'hôtel de la rue de Vaugirard, nº 50, il existe un trésor.

— Oh! la bonne affaire!.... mais comment le savez-vous?

— J'ai aidé moi-même l'ancien propriétaire à le cacher dans un lieu sûr qui n'est connu que de lui et de moi.

— Vous connaissiez donc le marquis de Vermont?

— Particulièrement..... J'avais même toute sa confiance.

— Voilà ce qui explique maintenant les instances que vous fîtes dans le temps, auprès de moi, pour racheter cette propriété..... Vous aviez, disiez-vous, de fortes raisons pour regretter de ne pas vous en être rendu l'acquéreur. Je me rappelle même que vous m'offrîtes le double de ce qu'elle m'avait coûté..... Oh! oui, oui..... Je comprends ces fortes raisons.... Vous en vouliez au trésor.

— C'est possible; mais maintenant j'aspire à un trésor qui me serait plus cher encore.

— Quant à moi, je fais beaucoup de cas de celui que renferme mon hôtel, et je vous avoue que j'en suis d'une joie que j'aurais peine à exprimer.

—Ainsi donc, vous consentez à servir mon projet?

— Pas du tout!

—Alors, pourquoi tant vous réjouir? Songez que vous auriez beau remuer la maison de fond en comble, vous ne parviendriez jamais à découvrir le lieu où sont enfouies les richesses qui s'y trouvent déposées.

— Oh! cela m'est égal, je vous jure, et je saurais où elles sont, que je n'y toucherais point.

— Je ne vous conçois pas.

— Écoutez..... M. de Vermont existe probablement encore.... Je le connais à peine, ce brave homme; mais je lui ai des obligations que je n'oublierai de ma vie. Qui sait ce qui peut arriver? S'il revenait un jour, il retrouverait non seulement son trésor, mais encore son hôtel. Vous aviez vos raisons pour vouloir me le racheter, et moi, comme vous voyez, j'avais les miennes pour le garder. Ainsi, mon cher Monsieur, qu'il ne soit plus question de rien entre nous..... Sans rancune cependant. Touchez-là, ajouta-t-il en lui tendant la main; vous n'aurez pas Juliette; le trésor du marquis de Vermont restera où il est, et..... je vous souhaite le bonjour.

— Mais, Monsieur, permettez-moi de vous faire observer.....

— Je n'ai pas le temps d'en entendre davantage. Je pars pour le château de Brécy que j'ai acheté dernièrement et dont le ministre de la police avait grande envie. Mais il lui est arrivé la même chose qu'à vous : son agent d'affaires s'est également présenté trop tard, et la terre de Brécy m'a été adjugée.....

Adieu, Monsieur, j'ai l'honneur de vous saluer.

Ils se séparèrent ; Chapsal enchanté de savoir que, dans un temps plus heureux, de Vermont pourrait trouver les ressources qu'il voulait lui conserver, et Ducrey furieux d'avoir échoué dans sa démarche.

V.

RETOUR A LA VIE DISSIPÉE.

Lorsque Lefort revit Ducrey, il jugea, d'après la tristesse empreinte sur son visage, qu'il n'avait point à se louer de sa réception. Cependant il ne put s'empêcher de lui faire quelques questions à ce sujet.

— Hé bien! mon cher maître, lui dit-il, avez-vous réussi auprès du père?

— Le maudit homme!..... J'aurais beaucoup mieux fait de ne jamais le voir.

— Il vous a donc refusé net?

—Oui, et cependant Juliette n'est point sa fille..... C'est une orpheline dont il prend soin, et qui, m'a-t-il dit, doit épouser son fils..... Oh! j'enrage !

— Vous avez tort, M. de Pressigny, de vous monter la tête..... Je vois avec peine cette passion qui vous tourmente et vous rend malheureux. Croyez-moi, calmez votre agitation, et jouissez tranquillement du bien-être que vous offre votre position sociale.

—Je sens que tu as raison, mon cher

Lefort..... En effet, c'est folie de ma
part de penser à une ingrate qui ne
m'aimerait jamais. Qu'elle soit donc
heureuse avec son Prosper!.... je n'irai
point troubler leur bonheur..... Je
dois renoncer pour jamais à une passion insensée qui ne pourrait me causer
que d'amers regrets. Oui, je vais reprendre mes anciennes habitudes, et j'oublierai bientôt, j'espère, au milieu des
plaisirs et dans la société de mes nombreux amis, l'objet dont la vue m'avait
fasciné et qui n'a répondu à tant d'a-
mour que par un mépris insultant.

Ducrey se jeta en effet à corps perdu
dans le tourbillon des plaisirs. Il fut
plus que jamais assidu chez Barras où
se réunissaient à cette époque une
foule de jeunes citoyennes imitant les

courtisanes de Corinthe, et qui toutes à l'envi faisaient admirer leurs élégantes nudités. Aux doigts de leurs pieds scintillaient des bagues précieuses : elles étalaient la toilette négligée de Vénus, de Diane, de Flore, ou celle d'Aspasie et de Phryné ; mais on n'en voyait pas une qui eût adopté le vêtement sévère de Lucrèce et de Cornélie.

Telle était la cour du Luxembourg, sous le règne du voluptueux Barras ; telles étaient les beautés parmi lesquelles le citoyen de Pressigny cherchait à se distraire d'une passion qui, malgré les fêtes, les jeux, les festins, les bals, où il assistait chaque jour, exerçait encore sur son ame un empire absolu, et empoisonnait tous les instans de sa vie.

VI.

LE VIEUX MODÈLE.

PROSPER, de retour des eaux de Baréges dont les effets lui avaient été salutaires, était le plus heureux des mortels. Il avait retrouvé sa chère Juliette dans tout l'éclat de sa fraîcheur. La jeunesse ayant repris le dessus, sa santé s'était entièrement améliorée, et jamais elle n'avait été plus belle.

Quant à Chapsal, son extrême embonpoint, son teint coloré , et sa figure de jubilation, annonçaient assez la prospérité dont il jouissait.

Prosper eut aussi la satisfaction de voir que Périn justifiait la bonne opinion qu'il en avait toujours eue. Ce n'était plus ce grenadier sans souci, aimant le vin et la bonne chère, jurant sans cesse, et prenant le temps comme il vient : c'était un homme sage, économe, rangé, laborieux, intelligent, et d'une probité sévère. Aussi Chapsal , qui pensait à se retirer des affaires et qui n'avait point oublié ce que ce brave avait fait pour son fils, était dans l'intention de lui laisser son magasin de la cour du Dragon.

Prosper, étonné des progrès que Juliette avait faits dans son art pendant son absence, trouvait cependant qu'elle avait besoin de se servir d'un modèle pour achever un tableau qu'elle avait commencé, et qui était déjà d'un effet merveilleux. Il représentait un vieux chimiste dans son laboratoire, ayant à ses côtés sa servante occupée à allumer un fourneau. Catherine avait servi de modèle pour ce dernier personnage que Juliette avait étudié avec soin; mais la tête du vieillard laissait quelque chose à désirer.

— Ce tableau vous fera honneur, ma chère Juliette, lui dit Prosper. L'économie en est heureuse, les accessoires sont peut-être trop soignés, mais la lumière est bien ménagée, et le visage de la servante, sur lequel se reflète la flamme du fourneau, produit de l'effet. Du reste, vous avez bien saisi la ressemblance de Catherine. Quant à votre vieillard, je le trouve bien posé dans ce fauteuil, en face de cet énorme livre, et tenant ses lunettes à la main.... Cette main est parfaitement dessinée; les vêtemens, largement drapés, imitent le velours à s'y méprendre. En général ce tableau serait remarquable, si la tête du chimiste était plus noble, et surtout plus expressive. Il faut absolument, mon amie, que vous vous procuriez un modèle pour achever cette figure.

— J'en sens comme vous la nécessité, mon cher Prosper; mais cela m'embarrasse beaucoup.... Je ne sais à qui m'adresser.

— Je me charge de ce soin, Juliette ; je vais me rendre à l'instant même à l'atelier de David : là, je trouverai sans doute l'homme qu'il vous faut pour achever ce tableau. Vous n'aurez besoin de lui que pour deux ou trois séances. Je profiterai de l'occasion pour vous faire apporter quelques bosses que je prendrai en passant chez mon mouleur.

Prosper revint au bout d'un quart-d'heure accompagné d'un commissionnaire chargé de plusieurs bosses qu'il lui fit déposer en entrant chez Juliette.

— Déjà de retour, lui dit-elle !... Comment avez-vous pu aller jusqu'au

Louvre où sont les ateliers de David (1)?

— Je n'ai pas eu la peine d'aller jusque-là, ma chère : en sortant d'ici, j'ai rencontré ce commissionnaire au coin de la rue Jacob : sa physionomie m'a tout à coup frappé. Sa longue barbe blanche, ses traits nobles et réguliers, ses yeux pleins de feu, et son front vénérable, m'ont paru réunir toutes les qualités que nous avons tant de peine à trouver dans les modèles dont nous nous servons ordinairement. Je lui ai proposé de venir poser chez vous pendant plusieurs séances : il y a consenti. Avant de revenir, il m'a suivi chez mon mouleur qui demeure rue Mazarine et où j'ai choisi

(1) A cette époque, les peintres et les sculpteurs de l'Académie logeaient au Louvre.

les bosses qu'il vient de vous apporter...
Mais, je le vois, ma chère amie; vous con-
templez ce vieillard avec ravissement....
Vous trouvez sans doute, ainsi que moi,
qu'il est impossible de voir une tête plus
belle, plus convenable que la sienne
pour terminer celle de votre chimiste ?

— En effet, l'aspect de ce vieillard
produit sur moi une impression que je
ne puis définir.... Jamais, non, jamais,
je n'ai vu de figure plus convenable
au sujet que je traite... Brave homme,
vous demeurez sans doute dans ce quar-
tier-ci ?

— Rue des Deux-Anges, n° 18, au
quatrième, au fond de la cour... mais on
me trouve toujours, dès le matin, au
coin de la rue Jacob; c'est là que je me
tiens ordinairement avec mes crochets.

— Comment vous nommez-vous ?

— Joseph.

— Pouvez-vous, pendant trois ou quatre jours, m'accorder une séance ?

— Volontiers, Mademoiselle. Quand voulez-vous que je commence ?

— Maintenant, si vous êtes libre.

— Je suis à votre disposition.

— Quant à moi, je vous laisse, dit Prosper.... je vais de ce pas chez David qui m'a invité à venir voir son tableau d'*Ossian* et de *Malvina*. Quoiqu'il ne fût qu'à peine ébauché lors de mon départ pour les eaux, il est presque terminé maintenant. Comme il y a toujours pour nous à profiter d'assister au travail de ce grand maître, je ne veux pas manquer cette occasion.

Juliette retint son modèle pendant quatre heures, et lui fit promettre de revenir le lendemain de grand matin.

VII.

MARIAGE FIXÉ.

PROSPER rentra comme on était à table. Son père, qui n'avait pas voulu l'attendre, le semonça quand il le vit arriver.

—Tu sais, mon fils, lui dit-il, que je tiens à dîner à quatre heures précises :

il en est cinq et demie , et nous ne faisons que de nous mettre à table. Tu m'avoueras que c'est fort désagréable.

— Excusez-moi, mon père ; mais j'ai eu tant de plaisir à voir David travailler à son Ossian, que j'ai oublié l'heure.

— Ce tableau est-il enfin terminé ? demanda Juliette.

— Il est fort avancé ; mais son modèle lui a manqué ce matin. Aussi est-il jurieux contre cet homme qui mène une mauvaise conduite. Je m'en suis servi pendant quelque temps ; mais, ne pouvant jamais compter sur lui, j'ai fini par y renoncer. Comme c'est aussi le parti que David veut prendre, je lui ai parlé du bonhomme Joseph, de manière à piquer sa curiosité. Il viendra

demain matin non seulement pour l'en-
gager à poser pour sa figure d'Ossian,
mais encore pour voir votre tableau
dont je lui ai dit du bien. Il connaît
déjà quelques unes de vos productions,
et, comme il trouve que vous êtes dans
la bonne voie, il désire vous donner
ses conseils.

— Je serais heureuse, mon ami, si ce
grand artiste allait trouver mon tableau
de son goût. Il est presque achevé, et
j'espère que demain je lui donnerai la
dernière touche. Je suis sûre, mon cher
Prosper, que vous en seriez content,
vous... Vous trouvez bien tout ce que je
fais.... aussi, je me défie beaucoup de
votre jugement.... mais, si j'obtenais le
suffrage du célèbre David, c'est alors
que je me persuaderais qu'en effet je

suis arrivée à un certain degré de talent.

—Il paraît que vous êtes satisfaite du parti que vous avez tiré du modèle que je vous ai procuré ?

— Il m'a inspirée..... Jamais je n'ai trouvé autant de facilité à peindre qu'aujourd'hui, et cependant, en reproduisant les traits de ce vieillard sur la toile, j'éprouvais par moment une émotion dont je ne pouvais me rendre compte. Ses yeux ont une telle expression de bonté, sa figure est si noble , si respectable, son air annonce tant de candeur, qu'en le considérant avec attention, j'oubliais mon pinceau , et je m'imaginais voir un bon père fixant sur sa fille des regards pleins de tendresse.

— Ah çà! mes enfans, dit Chapsal,

vous avez assez causé de votre art. C'est
maintenant mon tour à parler, et je
crois que ce que je vais vous dire ne
vous fera pas de peine.... Je vous annonce que dans trois semaines je vous
marie.

—Serait-il vrai? dit Prosper hors de
lui.

— Foi d'homme!.... c'est un parti
pris.

—Mon père! s'écria le jeune homme
en serrant Chapsal dans ses bras, quel
bonheur ! nos vœux seront enfin
comblés.

— Oui, mon drôle, j'ai tout disposé
pour cela sans t'en rien dire, et j'ai fixé
l'époque de votre mariage au quinze
du mois prochain. C'est une chose dé-
cidée..... à moins cependant que made-

moiselle Juliette ne veuille pas consentir...

— Ah ! mon père , dit Juliette en
rougissant et souriant à la fois , pouvez-
vous plaisanter de la sorte?

— Ma Juliette ! mon père , mon bon
père! Eh quoi! je vais donc posséder
celle que j'aime et sans laquelle je ne
pourrais vivre! Je ne me sens pas de
joie!... Oh! il faut que je vous embrasse
encore , mon père!

—Hé bien! hé bien! que fais-tu donc,
Prosper? Tu m'étouffes, mon garçon,
avec tes embrassemens. Laisse-moi au
moins reprendre haleine. Tu as vraiment
une singulière manière d'exprimer ta
joie. Corbleu! quelle tendresse! quelle
pétulance! j'ai vu le moment où j'allais
suffoquer. Pourquoi n'embrasses-tu pas

ainsi ta prétendue? Cela ne lui déplairait pas, je crois.

Prosper prit la main de Juliette, et y imprima plusieurs baisers pleins de feu.

— A la bonne heure, mon fils; voilà ce qui s'appelle savoir vivre : c'est de la galanterie... Cela vaut mieux, je pense, que de se jeter au cou des gens, et de les étrangler pour leur prouver qu'on les aime.

— Pourquoi vous plaindre, mon père, des transports que me cause l'annonce de mon bonheur?

— Je ne m'en plains pas, mon ami; je trouve au contraire naturel ce mouvement de ton ame.... mais maintenant que tu parais plus calme, je vais te dire mes projets... D'abord je laisse en toute

propriété , et sans exiger la moindre
rétribution , mon magasin avec toute la
marchandise qu'il contient à mon
ami Périn.

— Mon cher maître , s'écria Périn
avec l'accent d'une ame pénétrée de reconnaissance , c'est trop de bonté.

— Tais-toi, Périn !

— Vous poussez trop loin la générosité.

— Ah çà ! Périn, me laisseras-tu
continuer ?

— Mais, Monsieur, j'étais loin de
m'attendre...

— Silence !... laisse-moi parler... ce
que je veux faire pour toi n'est rien, selon moi, en comparaison de ce que tu
as fait pour Prosper et Juliette. D'ailleurs je suis actuellement riche, très-

riche, entends-tu ?..... plus riche qu'on ne le pense.... mais ce sont mes affaires ; je n'ai de compte à rendre à personne.... Maintenant je veux jouir de ma fortune, moi.... mais en jouir à ma manière, c'est-à-dire en faisant du bien à ceux que j'aime.... Je voulais donc te dire que non seulement tu me succéderas dans mon commerce de ferraille, mais même que tu me remplaceras dans la société dont je fais partie : tu sais bien... cette compagnie qui fait tant crier, et qu'on appelle *la Bande-Noire*. C'est une affaire convenue d'avance. Je dois te présenter incessamment à mes confrères qui, d'après le bien que j'ai dit de toi, sont décidés à t'associer à leurs entreprises. Quant à moi, c'est fini ; plus de spéculations ! plus d'affaires

Je ne veux m'occuper désormais que du bonheur de mes enfans, et couler des jours heureux au sein de ma famille.... Nous irons loger dans mon hôtel de la rue de Vaugirard que je fais magnifiquement meubler depuis le rez-de-chaussée jusqu'aux combles. Nous n'habiterons cependant que le second étage.... Je réserve le premier et ses dépendances pour un certain personnage qui sans doute y logera un jour, si la négociation que le ministre de la police a entamée avec moi réussit.

— Quel est donc ce personnage, mon père, et comment se fait-il que vous soyez en relation avec le ministre de la police?

— Ne devines-tu pas qu'il s'agit de l'ancien propriétaire de mon hôtel, du père de Juliette, du ci-devant marquis de Vermont enfin, et que l'affaire que je traite est sa radiation de la liste des émigrés ?

— Homme admirable ! s'écria Juliette vivement émue... Vous êtes ma providence.

— Ah ! mon père, reprit le jeune homme, puissiez-vous réussir !

— J'ai tout lieu de l'espérer, mes enfans, et voici comment... Je suis, comme vous savez, devenu propriétaire de la terre de Brécy que le ministre n'a pu se faire adjuger, parce que son chargé d'affaires ne s'est pas présenté à temps. Comme cette propriété appartenait autrefois à un émigré, proche parent du ministre, celui-ci, usant de son crédit, vient de le faire rentrer en

France, et désire le rétablir dans ses biens dont il doit hériter un jour. Je suis très-disposé à céder cette terre, et même je suis de bonne composition : je ne demande en retour que ce qu'elle m'a coûté, et la somme est peu *conséquente* en raison de sa valeur. Mais j'exige pour cela que M. de Vermont soit rayé de la liste des émigrés. L'affaire est en bon train…. D'après les informations prises à Coblentz où les Français sont entrés il y a quelque temps, il a été constaté que M. de Vermont a été privé de sa liberté pour avoir refusé de prendre du service dans l'armée des princes. J'ai appris ce matin, au ministère de la police, qu'un rapport rédigé en sa faveur est à la signature, et j'espère que, dans quelques jours, cette négociation séra entièrement terminée. Je me serai privé d'une propriété magnifique ; mais j'aurai du moins la satisfaction de prouver ma reconnaissance envers mon bienfaiteur.

— Brave homme ! s'écria Périn en lui tendant la main.

— Hé bien, Périn, qu'as-tu donc?.... Voilà que tu pleures maintenant !

— J'avoue que vos procédés me touchent jusqu'aux larmes..... Mais je ne suis pas le seul ici qui sache apprécier votre bon cœur....Regardez votre fils et mademoiselle Juliette..... ils sont aussi pénétrés que moi de votre générosité. Si tous les riches faisaient de leur fortune un aussi noble usage que vous, M. Chapsal, il n'y aurait point de malheureux sur la terre.

Le reste de la soirée se passa au milieu de ces entretiens qui respiraient les sentimens les plus généreux, la joie la plus pure, la reconnaissance la mieux sentie, et les affections les plus tendres.

IV.

4

VIII.

VISITE D'UN GRAND ARTISTE.

Le lendemain matin, David, ainsi qu'il l'avait promis, ne manqua point de se rendre chez son ancien élève.

—Mon cher maître, lui dit Prosper, que vous êtes aimable de nous honorer de votre visite! Nous sommes si mal logés, qu'il faut vraiment du courage pour venir nous voir. Avant de pénétrer jusque dans notre logement, il faut passer par une allée si sombre et tellement encombrée de ferraille et de marchandises, qu'on risque de se heurter à chaque pas.

— Il est vrai, mon ami, qu'il fait noir en diable dans le magasin de M. votre père ; mais dans cet appartement c'est tout différent : vous êtes fort bien logés.

— Bientôt, mon cher M. David, nous le serons beaucoup mieux : nous habiterons, rue de Vaugirard, un magnifique hôtel dont mon père a fait l'acquisition.

— M. Chapsal se retire donc des affaires ?

— Très-incessamment.

— Je le conçois... il est si riche !

— J'ignore l'état de sa fortune; mais il paraît effectivement qu'il a fait d'heureuses spéculations.

— J'en suis bien aise pour vous, mon cher Prosper : vous méritez d'être heureux. Vous, du moins, vous savez faire bon usage de votre bien..... Mais où donc est votre père ?

— Il y a long-temps qu'il est sorti. C'est un homme si actif, que, dès le point du jour, il se met en course pour ses affaires.

— Et votre élève , cette jeune personne qui vous inspire une flamme si pure ?.....

— Elle est depuis plus de deux heures avec le vieux modèle dont je vous ai parlé. Elle brûle d'avoir l'honneur de vous voir.

— Je ne l'ai jamais vue, mais tout le monde s'accorde à dire qu'elle est charmante..... Je le crois sans peine; pour vous avoir fixé, mon ami, il faut qu'elle possède de grandes qualités.... Vous avez essentiellement le goût du beau. Un artiste de votre mérite ne saurait s'enthousiasmer pour un objet vulgaire. Je suis certain d'avance que je vais voir une beauté parfaite...... Je suis aussi fort curieux de connaître le vieillard qui lui sert de modèle, et que vous m'avez tant vanté.

David suivit Prosper chez Juliette. A leur approche, elle salua le grand artiste avec les marques du plus profond respect. David lui adressa quelques

paroles obligeantes auxquelles elle répondit de manière à lui prouver tout le
cas qu'elle faisait de sa visite.

Lorsque ce peintre célèbre put con-
templer à loisir les objets qui s'offraien,
à ses yeux, il éprouva un mouvement
de surprise qui fit sur ses sens un effet
inaccoutumé. Ses regards se promenè-
rent tour à tour sur le modèle, sur la
jeune fille, sur le tableau auquel elle
mettait la dernière main, et, en les
considérant avec cet œil si pénétrant
qui, chez lui, fixait en un instant son
opinion, il était dans un ravissement
extatique.

— Hé bien, mon cher maître, lui dit
Prosper, comment trouvez-vous notre
modèle ?

—Admirable !... c'est le beau idéal...

Je n'ai jamais vu une plus belle tête de vieillard..... Il faut que ce brave homme me promette de venir après demain poser dans mon atelier pour mon *Ossian.*

—Je suis à vos ordres, Monsieur, dit Joseph.

— Vous serez content de moi, bon homme : je vous donnerai le double de ce que je paie aux autres modèles, et ce sera juste..... je suis trop heureux de vous avoir trouvé.

—Que dites-vous, mon cher maître, du tableau de Mademoiselle?

David l'examina d'abord pendant un moment ; mais, au lieu de donner son avis, il tournait à chaque instant la tête du côté de Juliette qu'il considérait avec avidité. S'il reportait de temps en temps ses regards sur le tableau, il ne pouvait les y fixer, occupé qu'il était de la jeune beauté dont l'aspect lui causait ces fréquentes distractions.

— Mais, mon cher maître, reprit Prosper avec un mouvement d'impatience, daignez donc considérer ce tableau! nous attendons, mademoiselle Juliette et moi, que vous vous prononciez.

— Un instant, mon ami..... Ce tableau est bien sans doute..... Je suis néanmoins trop préoccupé en ce moment pour porter mon jugement..... Tout à l'heure nous y reviendrons; mais avant tout, j'ai une proposition à vous faire, et, si elle est rejetée, je me brouille avec vous, Prosper, et j'en voudrai toute ma vie à votre élève, quoique je la trouve charmante..... ou plutôt parce que je la trouve charmante.

— Vous êtes, à ce que je vois, en humeur de plaisanter.

— Non, je parle sérieusement..... Écoutez, Prosper : si vous avez quelque reconnaissance pour tous les soins que je vous ai donnés, vous déciderez Mademoiselle à un acte de complaisance que je réclame d'elle...... Si Mademoiselle a du talent, c'est à vous qu'elle le doit, et par conséquent je n'y suis pas étranger, puisque vous êtes mon élève. Vous m'avez donc l'un et l'autre quelques obligations, et j'en réclame la récompense.

— De quoi s'agit-il?

— De concourir à la perfection du tableau dont je suis maintenant occupé..... Ce bon vieillard me servira merveilleusement pour mon *Ossian ;* mais je suis médiocrement content de la tête de ma *Malvina*..... Si mademoiselle Juliette, dont les traits sont si beaux, si réguliers, si académiques, daignait me servir de modèle, je ferais un chef-d'œuvre..... oui, j'en suis certain, mon tableau ne laisserait rien à désirer..... Mais la voici qui rougit..... elle baisse les yeux, et peut-être est-elle blessée de ma proposition !

— Non, Monsieur, dit Juliette, elle ne me blesse en rien...... Mais je ne vous dissimule pas combien il m'en coûterait de figurer dans un tableau qui sans doute sera exposé publiquement.

— Non, Mademoiselle : il est destiné à un particulier immensément riche,

qui me presse chaque jour de le lui li-
vrer.

— Je ne sais, Monsieur, si je dois
consentir......Si cela contrariait M. Prosper..... vous sentez qu'il me serait impossible......

— Qui! moi, m'opposer à une chose
qui peut être agréable à M. David!
Je vous engage au contraire, ma chère
Juliette, à accéder à son désir... et,
faut-il le dire? je voudrais voir votre
image chérie dans tous les tableaux des
grands maîtres. Chaque fois que je con-
sidère les sublimes productions de Ra-
phaël, il me semble reconnaître vos
traits dans ceux des vierges peintes par
cet homme célèbre.

— Cessez de me flatter, Prosper; vous
savez combien cela me contrarie.....

Puisqu'il le faut, je consens au désir de M. votre maître.

Cet acquiescement à la demande de David lui causa la plus grande satisfaction. Pouvant compter sur deux modèles qu'il trouvait admirables, il se réjouit d'avance de la perfection que son travail allait acquérir.

Il examina enfin le tableau de Juliette avec la plus scrupuleuse attention, et en loua les beautés en lui faisant faire néanmoins plusieurs observations que Prosper trouva justes, et dont Juliette se promit de profiter.

— Ainsi donc, dit David aux deux amans, je vous attendrai après demain à midi..... Quant à ce bon vieillard, il faut qu'il vienne avant vous. Je désire qu'il soit à mon atelier dès huit heures du matin.

David se retira enchanté de sa visite. Joseph resta encore deux grandes heures avec Juliette à laquelle il promit de revenir le lendemain, parce qu'elle voulait achever son tableau qui ne demandait plus qu'une seule séance.

IX.

L'IDÉE FIXE.

Ce même jour, Barras donnait un dîner d'apparat auquel Ducrey de Pressigny était invité, et où devaient se trouver les membres du gouvernement, le corps diplomatique, les hauts fonctionnaires de l'État, des généraux, et une foule de personnages importans.

Ducrey avait d'abord fait toutes les dispositions nécessaires pour se rendre à cette invitation, mais quand l'heure de partir arriva, il changea tout à coup d'avis, et se fit servir à dîner chez lui.

Plongé, depuis quelques jours, dans une profonde tristesse, il était devenu inabordable pour ses gens. Lefort, qui était son confident, son ami, son commensal, avait seul le privilége de lui parler librement. Ils étaient en face l'un de l'autre; mais Ducrey, livré à de sombres réflexions et poussant des soupirs entrecoupés, ne touchait à aucun mets.

— Qu'avez-vous donc, mon cher de Pressigny? lui demanda Lefort.

— Je ne suis pas bien, mon ami.

— Qu'éprouvez-vous ?

— Un feu dévorant... j'ai la fièvre... ma tête est brûlante; mon cœur palpite avec violence; je suis cruellement tourmenté.

— En ce cas, vous avez bien fait de ne point aller chez Barras.

— Qu'aurais-je été faire dans une réunion aussi brillante ?.... j'aurais montré un visage triste, soucieux. Ce festin sera suivi d'une fête magnifique où toutes les élégantes de la capitale viendront étaler leurs graces. Accablé de dégoût, fatigué de la vie, abîmé dans ma douleur, quelle figure ferais-je au milieu de cet essaim de beautés qui ne manqueraient pas de tourner en ridicule mon air morose, et dont le ton

et les manières ne feraient qu'augmen-
ter l'énnui qui me poursuit partout.
J'ai l'esprit et le corps trop malades
pour ne pas fuir le monde.

— Que ne faites-vous appeler votre
médecin!

— Eh quoi! tu connais la source de
mon mal, et tu crois que les secours de
l'art pourraient le soulager!

— J'avais cependant réussi, par mes
conseils, à vous faire prendre votre
parti, et je m'applaudissais de vous
voir enfin renoncer à une passion qui
ne sera jamais satisfaite; mais je vois avec
peine, mon cher patron, qu'elle vous
domine plus que jamais, et que, depuis plusieurs jours, vous êtes rentré
sous son empire. Cette maudite Juliette

ne vous sort pas de la tête : son image vous poursuit jour et nuit.

— Que veux-tu, mon ami ! Oui, je pense sans cesse à la perfide : c'est chez moi une idée fixe qui me tue, qui me mine, qui me fait mourir à petit feu.

— Vous vous rendez bien malheureux.

— Je suis le plus à plaindre des hommes, et, si cela continue, il m'arrivera malheur.

— Cela pourrait fort bien avoir lieu, si vous persistiez dans le projet insensé que vous vouliez exécuter hier soir.

— Je voulais me venger.

— Parbleu ! vous preniez là un beau moyen ! je vous en félicite... Vouloir se cacher dans une allée pour y attendre son rival, et lui porter un coup mortel...

et avec quelle arme encore? Avec une canne à épée, l'arme la plus fragile..... Si vous vouliez absolument vous défaire de Prosper, il faudrait du moins raisonner votre vengeance, en préparer d'avance l'exécution, et recourir à des moyens infaillibles... Mais non; vous passez dans le quartier de Juliette : l'idée vous prend tout à coup de tuer celui qu'elle vous préfère, et, pour assouvir votre rage, vous voulez commettre une imprudence dont les suites ne pouvaient que vous être funestes. Mais j'étais là pour arrêter ce mouvement irréfléchi. Je vous ai arraché d'un lieu où peut-être vous alliez, vous-même, devenir la victime de votre fureur jalouse.

— Je conviens que ton amitié m'a

été salutaire... Oui, sans doute, je me
perdais en frappant mon rival; mais si
tu savais, ami, ce que je souffre?... Si
tu pouvais te faire une idée de la haine
que cet homme m'inspire?

— Croyez-vous que sa mort avance-
rait vos affaires auprès de Juliette?

— Alors... il faut donc que la douleur, le dépit, le désespoir, consument
mon existence?

— Vous me faites mal, M. de Pressigny.

— Si la raison ne vient promptement
à mon aide, mon cher Lefort, je suis
un homme perdu... La cruelle! comme
elle m'a dédaigné! Que mon cœur est
aigri!... Si du moins je pouvais la posséder un instant, un seul instant, je ne
redouterais point d'employer la vio-

lence; je ne reculerais même pas devant un crime pour assouvir ma passion , et, si mon audace ne lui inspirait que de l'horreur, je me sens capable de la poignarder. Ce n'est qu'à ce prix que je puis retrouver le calme qui me fuit. Alors mon amour n'ayant plus d'aliment , j'oublierais ces nuits longues et cruelles que j'ai passées dans les larmes. Je ne regretterais plus les tourmens qui ont si long-temps abreuvé mon existence de fiel et d'amertume, et je me livrerais sans réserve aux jouissances que procure la fortune.

— Parbleu! mon cher patron, vous seriez bien dupe de prolonger vos souffrances... Hé bien, puisqu'il n'est plus pour vous de repos sans la possession de Juliette, enlevez-la! violez-la si elle résiste, et ne vous inquiétez pas du reste.

— Cela t'est facile à dire..... Comment venir à bout d'un dessein si hardi?

— Avec de l'or et des précautions, on surmonte tout obstacle.

— S'il ne tenait qu'à cela, rien ne me coûterait... Je donnerais, je crois, un million pour avoir un moment Juliette à ma disposition.

— Elle est à vous, mon cher maître, et cela ne vous coûtera pas un million... Je viens de concevoir un projet... oui, c'est cela!... Ce soir, vous saurez à quoi vous en tenir, et, si vous approuvez les arrangemens que j'aurai pris avec un certain quidam sur lequel j'ai lieu de compter, demain Juliette sera

à vous. Je vais monter à l'instant même
en cabriolet pour me rendre dans le
fond du faubourg Saint-Antoine. C'est
là que je retrouverai mon homme à qui,
ce matin, j'ai rendu un service impor-
tant. Je le connais de longue-main : il
est avide et nécessiteux : je n'aurai pas
de peine à le gagner.

— Mais que prétends-tu faire?

— Vous servir au gré de vos désirs...
Ne vous impatientez pas; dans deux
heures, je serai de retour.

X.

LE SEPTEMBRISEUR.

Lefort tint sa parole : son absence
fut même moins longue qu'il ne l'avait
cru. Il trouva cependant Ducrey dans
les tourmens de l'attente.

— Votre affaire est en bon train,
mon cher patron, lui dit Lefort d'un air

radieux. J'ai fait marché avec l'homme
dont je vous ai parlé ; il nous secondera
moyennant dix mille francs de récompense. Il prépare en ce moment, pour Juliette, le lieu où je me propose de la conduire. C'est l'ancienne prison d'un couvent de moines : elle est située à l'extré-
mité de leur cimetière et loin de toute
habitation. C'est là, mon cher maître, que
vous pourrez, sans courir aucun risque,
contraindre Juliette à satisfaire votre
passion. Ce logement, garni de grilles et
de verrous, est entièrement dépourvu de
meubles ; mais demain matin j'y ferai
transporter les objets dont votre pri-
sonnière aura besoin.

—Tu parles, mon ami, comme si déjà
Juliette était à ma disposition.

— Je suis sûr de mon fait. Reposez-vous sur moi ; d'ici à demain je saurai bien trouver, par une ruse quelconque, le moyen de l'attirer hors de chez elle : c'est tout ce qu'il me faut. J'ai déjà songé à plusieurs stratagèmes qui ne pourraient manquer de réussir; mais nous avons le temps d'y réfléchir. Le plus pressé est de tout préparer pour la réception de Juliette.

— Mais quel est l'individu auquel tu t'es adressé ?

— Cet homme est le fameux Hubert qui a tant figuré dans les scènes sanglantes de la révolution. Forcé, comme septembriseur, de se cacher pour se soustraire à la vindicte publique, un agent du domaine, qui a pris pitié de sa misère, l'a placé comme gardien dans le lieu qu'il habite. Le monastère dont il était une dépendance a été vendu à la bande noire qui doit incessamment en effectuer la démolition; mais le cimetière et la prison dont il s'agit n'ayant point été compris dans cette vente forment encore une propriété nationale qui se trouve séparée du jardin du couvent par un mur fort élevé et qui n'a, je crois, qu'une seule entrée sur une rue déserte, conduisant à la barrière du Trône.

— Je suis surpris, mon cher Lefort, que tu aies conservé des relations avec cet Hubert dont on parle encore avec horreur.

— Ce pauvre diable mourait de faim. Ayant su mon adresse par je ne sais qui, il est venu ce matin implorer ma pitié.

J'ai cru devoir lui accorder quelques secours.

—Tu m'as dit, je crois, que tu le connaissais depuis fort long-temps.

— C'est vrai : vous savez qu'avant la révolution, j'ai fait un congé de huit ans dans le régiment de Champagne ; c'est là que je connus Hubert qui, par parenthèse, était un assez mauvais garnement... Il fut renvoyé avec une cartouche jaune.

—Tu vois donc bien que c'est un de ces êtres que, dans notre position, nous devons tenir constamment éloignés de nous.

—Il est cependant des cas où les gens de ce genre peuvent nous être utiles..... Par exemple, dans cette circonstance, ne sommes-nous pas trop heureux de le trouver?

— J'en conviens; mais quand nous n'en aurons plus besoin, il faut, dans son intérêt, comme dans le mien, qu'il s'éloigne de Paris..... Tu lui diras que, s'il y consent, au lieu de dix mille francs, je lui en donnerai vingt.

— Il sera enchanté..... Il faut vous dire aussi qu'il ignore pour qui il doit agir. Je lui ai fait entrevoir que vous étiez un personnage placé au premier rang, de sorte qu'il se figure que vous êtes un des membres du Directoire.

— Tant mieux; son zèle n'en sera que plus grand.

— Mais, que ne cherchez-vous à passer pour tel aux yeux de Juliette!..... C'est en éblouissant les femmes par l'éclat du rang et de la fortune qu'on peut les déterminer aux plus grands sacrifices.

— C'est impossible..... ne sait-elle pas qui je suis?

—Si vous voulez suivre exactement la marche que je vous tracerai, je vous réponds qu'elle ne vous reconnaîtra point, et que même, telle chose qu'il arrive, vous éviterez de vous compromettre. Tout ce que je vous recommande, M. de Pressigny, c'est de me laisser diriger cette affaire.

— Je m'en rapporte entièrement à toi, mon cher Lefort : tu peux compter que je saurai reconnaître ton dévoûment.

XI.

LA LETTRE SUPPOSÉE.

Le lendemain, Juliette était depuis quatre heures devant son chevalet, attendant avec impatience l'arrivée de Joseph, lorsque Prosper se rendit auprès d'elle, comptant la trouver avec son modèle.

— Vous êtes seule, mon amie ? lui dit-il; auriez-vous déjà terminé la séance?

—- Je ne l'ai pas même commencée. Ce bon Joseph n'est point venu..... Je crains qu'il ne lui soit arrivé quelque accident.

—C'est fort inquiétant..... Il faut que je m'assure par moi-même s'il ne serait pas malade. Je sais son adresse; je vais passer chez lui.

— Vous me ferez plaisir, Prosper. Allez, et revenez vite me dire ce qu'il en est..... Je ne sais pourquoi ce vieillard m'intéresse si vivement; mais je serais malheureuse, si vous m'apportiez une mauvaise nouvelle.

— Il est trop tard maintenant pour que vous le voyiez dans la journée. D'ail-

leurs le jour est si bas, que vous ne pouvez plus travailler.

— N'importe : quoique vous diniez
aujourd'hui en ville avec M. votre
père, vous m'obligerez beaucoup de
revenir de suite me tranquilliser sur la
santé du bon Joseph.

Prosper sortit avec Périn qui, ayant
affaire chez un quincailler du quai de la
Ferraille, avec lequel il devait passer le
reste de la journée, prit d'abord le
même chemin que le fils de son maître.

Quant à Juliette, comme elle restait
seule à la maison, elle ne tarda pas à
se faire servir à dîner. A peine s'était-elle
mise à table, qu'une domestique vint
lui remettre une lettre qu'elle s'empressa
d'ouvrir et qui était ainsi conçue :

5*

« Mademoiselle,

« Je suis en marché pour un de vos
« tableaux dont je brûle de faire l'ac-
« quisition; mais une personne qui
« prétend se connaître en peinture,
« m'ayant assuré que ce n'est qu'une
« copie, je désirerais que vous eussiez la
« complaisance de vous rendre chez moi,
« pour fixer mon jugement à cet égard.
« Dans tous les cas, votre démarche ne
« serait pas inutile, car je me propose
« de vous charger d'orner mes apparte-
« mens de quelques unes de vos pro-
« ductions. Je vous prie de vouloir bien
« m'excuser, Mademoiselle, si je ne me
« rends pas moi-même auprès de vous
« pour mettre votre complaisance à l'é-
« preuve; mais je suis indisposée de-

« puis plusieurs jours, et mon médecin
« exige que j'aille passer quelque temps à
« ma campagne pour laquelle je parti-
« rai demain matin. Je vous envoie ma
« voiture qui vous reconduira chez vous,
« Je ne vous demande que quelques in-
« stans que je trouverai d'autant plus
« précieux, qu'ils me mettront à même
« de faire connaissance avec une artiste
« dont on vante partout le rare mérite.

« Agréez, Mademoiselle, l'assurance
« des sentimens distingués de votre dé-
« vouée servante.

« ERNESTINE DE BRICOURT,

« Née de PRÉMONVAL ; propriétaire,
« rue de la Perle, n° 15, au Marais. »

Juliette prit son châle, son sac, et
monta en voiture, sans concevoir la
moindre défiance.

XII.

COMMISSION SUSPECTE.

Prosper n'ayant point trouvé Joseph chez lui entra avec Périn dans un café situé rue Jacob, en face de celle Saint-Benoît, et, comme il était encore de bonne heure, ils prirent chacun un journal.

A peine Prosper eut-il lu quelques

lignes, qu'il aperçut, au détour de la rue, Joseph traînant à bras une petite charrette vide. Il alla lui parler.

— Eh! mon brave, lui dit-il, vous nous avez mis dans une grande inquiétude aujourd'hui. Mademoiselle Juliette vous a attendu toute la journée. Ne vous voyant pas venir, et craignant qu'il ne vous fût arrivé quelque accident, elle vient de m'envoyer chez vous.

— Quelle bonté touchante! répondit le vieillard en essuyant la sueur qui découlait de son front. Que j'ai d'excuses à faire à cette aimable demoiselle! Je ne sais si elle daignera me pardonner; mais je vous assure, Monsieur, que, si je lui ai manqué de parole, c'est bien malgré moi. J'étais loin de penser ce matin que je serais retenu toute la journée dans l'endroit où l'on m'a fait travailler.

— D'où revenez-vous donc?

— Du fond du faubourg Saint-Antoine, d'un lieu où j'ai été témoin de choses qui m'ont paru suspectes, et que je suis tenté de vous communiquer.

— De quoi s'agit-il?

— Permettez-moi de reconduire ma voiture ici près; et veuillez vous rendre dans la grande cour de l'abbaye Saint-Germain : j'irai vous y rejoindre tout à l'heure, et je vous dirai ce que j'ai vu et entendu.

— Allez, bon Joseph, et revenez bientôt. Vous nous trouverez dans l'endroit que vous venez d'indiquer.

Prosper et Périn n'attendirent pas long-temps le vieux commissionnaire.

— Messieurs, leur dit-il, je serais bien trompé si le voyage qu'on m'a fait faire ce matin n'a pas un but criminel. C'est cette idée qui me détermine à vous faire part de mes soupçons.... J'étais dès huit heures à la place où j'ai l'habitude de me tenir avec mes crochets, lorsqu'un homme bien vêtu est venu me demander si je pouvais disposer d'une voiture pour transporter dans le faubourg Saint-Antoine quelques objets dont il venait de faire l'acquisition chez un tapissier de la rue du Colombier. Un malheureux comme moi ne demande qu'à travailler pour vivre honnêtement ; j'ai donc consenti à cette proposition, et suis allé chercher la voiture dont je me sers ordinairement dans ces occasions. Pendant que le tapissier la remplissait de meubles, l'homme qui m'avait requis lui a rappelé qu'il lui avait déjà fourni des marchandises. — Je crois, en effet, vous reconnaître, lui a répondu le marchand.... Oui, je me le rappelle, c'était en 93..... mais, à cette époque, vous portiez le bonnet rouge et un costume tout autre que celui qui vous couvre maintenant. La franchise du tapissier a sans doute déplu à notre homme, car il m'a vivement pressé de quitter la place, et nous nous sommes mis de suite en route. Après avoir marché pendant une grande heure, nous sommes enfin arrivés dans une rue isolée, située près de la Barrière du Trône. Nous nous sommes arrêtés devant une porte gothique portant pour inscription *Propriété nationale à ven-*

dre, et à laquelle mon conducteur a frappé. Une espèce de concierge de fort mauvaise mine nous a introduits dans un cimetière qui m'a paru abandonné depuis long-temps. Pendant que je dirigeais ma voiture à travers les ronces et au milieu des tombes dont ce terrain est rempli, j'ai prêté une oreille attentive à ce que les deux hommes qui m'accompagnaient disaient entr'eux d'un air mystérieux.

— Hé bien, dit l'un, c'est donc toujours pour ce soir? — Oui, répondit l'autre, à la nuit tombante. Quant à toi, tu seras content : au lieu de dix mille francs de récompense, tu en recevras vingt.

— Bon; ma fortune est faite. On voit bien que vous agissez au nom d'un grand personnage.... — qu'il est essentiel de ne point compromettre, entends-tu?.... et c'est pour cela même que je viens d'acheter ces meubles loin de son quartier.—Après ce colloque, ils me conduisent à l'entrée d'une prison de l'aspect le plus triste. Chacun d'eux m'aide à décharger ma voiture des meubles qu'elle contient, et à les transporter dans l'intérieur du bâtiment. Après avoir monté quelques marches et passé par un sombre corridor, nous arrivons dans une chambre voûtée où la lumière ne pénètre que par une petite fenêtre grillée donnant sur le cimetière. Je ne puis m'empêcher de frémir à l'aspect de ce réduit obscur.

— Vous paraissez surpris, bonhomme, me dit le concierge ; mais j'ai une nièce, belle-sœur de monsieur: cette misérable , qui fait notre honte, a furtivement quitté sa famille, et mène à Paris la vie la plus scandaleuse; pour l'empêcher de continuer ses désordres, nous allons la renfermer ici jusqu'à ce que son mari, qui est en province, vienne la chercher. — Le transport de tous les meubles dans l'intérieur se trouvant effectué, je me disposais à me retirer; mais celui qui m'avait amené m'a déclaré qu'il ne me remettrait mon salaire que quand tout l'emménagement serait terminé, et qu'il fallait absolument que je l'aidasse, ainsi que son camarade, dans cette opération. Il a ajouté que je serais largement payé de ma peine. Forcé de céder à cette demande, je suis sorti pour aller chercher, dans ma voiture, quelques outils dont j'avais besoin pour le travail que j'allais entreprendre. Me voyant seul et regardant autour de moi, j'ai aperçu à quelques pas, dans l'encoignure du bâtiment, une petite porte pratiquée dans le mur et masquée par des broussailles. Curieux de connaître où donne cette issue, je m'avance, et je vois une clé dans la serrure. Je la tourne avec peine, car elle était contenue par la rouille. La porte céde à mes efforts, et je me trouve tout à coup dans une ruelle qui conduit je ne sais où. Je me hâte de rentrer; je referme la porte sur moi, et m'empare de la clé. Je rejoins mes deux hommes qui, après m'avoir retenu jusqu'au soir, me renvoient en me payant généreusement. Voilà l'em-

ploi de ma journée. Je ne sais que penser de tout ce que j'ai vu et entendu ;
mais il est certain que ces gens trament
quelque chose d'horrible.

Le récit de Joseph fit la plus vive
impression sur Prosper et Périn qui ne
doutèrent point que le cachot qu'il venait de décrire ne fût destiné à renfermer une victime.

— Mon cher Joseph, lui dit le jeune
peintre, il faut aller sur le champ
faire votre déclaration à la police.

— Oui, reprit Périn ; c'est un devoir
sacré : la chose paraît sérieuse, et
vous n'avez pas un instant à perdre.

— A la police ! s'écria le vieillard
d'un air consterné.

— Sans doute.

—Non.... non, je ne puis me présenter à la police.

—Qui peut vous en empêcher ?

—Jamais, Messieurs , non jamais je ne ferai cette démarche.

—Que signifie un tel refus ? lui demanda Prosper d'un ton sévère.

— Cela m'est impossible, vous dis-je ?.... des raisons personnelles m'interdisent toute relation avec la police.

—Cette répugnance est bien étrange! Joseph, auriez-vous commis quelque mauvaise action?

— Qui! moi, oh! non : le Ciel est témoin si jamais, dans le cours de ma vie, j'ai conçu une coupable pensée.

— Je le crois, brave homme : la probité est peinte sur votre figure..... Mais quelle idée s'offre à ma pensée!...

non, vous n'êtes point ce que vous voulez paraître... Les raisons personnelles
qui vous font éviter tout rapport avec
la police, la pureté de votre langage, la
noblesse de vos manières, tout en vous
annonce un homme poursuivi par le
malheur.

— Au nom du Ciel, Messieurs, ne
me perdez pas !

— Rassurez-vous, Monsieur, et con-
naissez-nous mieux. Croyez qu'il n'est
point de danger que nous ne soyons
capables de braver pour vous protéger.

— Oui, continua Périn, comptez sur
nos efforts et sur notre discrétion.

— C'est surtout votre discrétion,
Messieurs, que j'ose réclamer. Oui, je
suis émigré : après avoir tenu un rang
brillant dans le monde, je me suis vu

réduit à demander l'aumône, et je ne
suis sorti de cet état abject que pour
exercer le métier de porte-faix. Tel péni-
ble qu'il soit pour un homme de mon
âge, je serais perdu si j'y renonçais en ce
moment, car le danger qui plane sur ma
tête est loin d'être dissipé. Mais vous ne
me trahirez point, Messieurs ; je me
confie à des ames sensibles, généreuses,
et je n'ai rien à redouter d'hommes
tels que vous.

—Vous avez raison, Monsieur, et nous
vous prouverons que nous sommes l'un
et l'autre dignes de votre confiance.....
Mais le temps fuit : la nuit approche, et
peut-être le crime est déjà triomphant.
Puisque tout recours à la force publique nous est interdit, et qu'il serait dan-
gereux pour vous que la police intervînt

dans cette affaire, ne négligeons rien pour prévenir une mauvaise action ou pour en punir les auteurs. Périn, cours vite à la maison. Garde-toi de dire un mot de tout ceci à Juliette ni à Catherine, et reviens avec des armes.

Tandis que Périn se rendit au logis, Prosper demanda au vieillard s'il était sûr de reconnaître la porte dont il avait la clé.

— Je crois, répondit-il, que la ruelle sur laquelle elle donne aboutit au chemin de ronde de la barrière du Trône. Mais que cela ne vous inquiète en rien; le cimetière où nous devons nous introduire est trop isolé pour que nous ne le trouvions pas.

A peine eurent-ils le temps de faire quelques réflexions relativement à la démarche qu'ils allaient faire, que Périn revint avec des pistolets chargés , pour Prosper et pour lui , et bientôt ils montèrent tous les trois dans une voiture de place qui les conduisit à la barrière du Trône.

VI.

CEPENDANT, malgré la longueur du chemin, Juliette eut bientôt franchi la distance qu'elle devait parcourir, et comme elle ne connaissait point le quartier où elle croyait se rendre, elle ne conçut aucun soupçon ; mais, quand on la fit entrer dans le cimetière, et qu'en descendant de voiture, elle se vit tout à coup saisie par deux hommes portant des masques noirs qui leur couvraient le haut de la figure, elle fut glacée d'horreur. La voiture s'éloignant rapidement, et la porte se refermant avec fracas, elle se crut perdue sans ressource, et jeta des cris aigus que ceux qui venaient de s'emparer de sa personne parvinrent à étouffer en lui mettant un mouchoir sur la bouche. Malgré leurs efforts réunis, elle leur opposait une telle résistance, qu'ils avaient peine à l'entraîner ; mais Hubert s'étant joint à eux, ils comprimèrent ses mouvemens, et la transportèrent dans le lieu préparé pour la recevoir. Le premier mouvement de Juliette fut de se réfugier dans l’embrasure de la fenêtre, de s’attacher aux barreaux dont elle était garnie, et de chercher à attirer du monde en appelant à son secours.

— La belle a beau jeter des cris, dit Hubert, je lui défie de se faire entendre.

— En es-tu bien certain ? lui demanda Lefort.

— Je vous en réponds : ce lieu est éloigné de toute habitation.

— Tant mieux.... mais retire-toi, et va continuer ton ouvrage.

— Il est presque achevé ; le trou est même très-profond : je n’ai plus que quelques coups de pioche à donner..... Quel dommage cependant s’il était destiné pour cette demoiselle ! mais je ne le pense pas : à son âge, on tient à la vie. Laissez-la pleurer d’abord tant qu'elle voudra, et soyez persuadés que, quand elle saura à qui elle a affaire, ses larmes se sècheront bientôt.

Hubert se retira; Ducrey se tint à l'écart, et Lefort se rapprocha de Juliette dont le désespoir était au comble.

— Croyez-moi, Mademoiselle, lui dit-il, prenez votre parti. Si vous connaissiez le rang et la fortune de monsieur, ajouta-t-il en désignant Ducrey, vous vous consoleriez des moyens qu'il a cru devoir employer pour s'assurer votre possession. Monsieur n'y aurait jamais eu recours, s'il n'eût appris qu'il avait un rival, et, comme les hautes fonctions qu'il occupe dans l'État ne lui permettent point de perdre le temps précieux qu'il lui aurait fallu sacrifier pour chercher à le supplanter, il s'est décidé à vous faire enlever ; sans cette circonstance, il lui suffirait de se faire connaître pour vous déterminer à remplir ses vœux.

—O mon Dieu! viens à mon aide.

— Quittez cette place, Mademoiselle, et venez vous asseoir à côté de monsieur.

— Retire-toi, vil scélérat.

— Votre indignation ne saurait m'offenser; mais craignez de blesser Monsieur... songez aux égards et aux respects qui lui sont dus. Résignez-vous à votre destinée : elle n'est pas si à plaindre que vous le pensez, et certes mille autres femmes, qui jouissent d'une grande considération dans le monde, voudraient être à votre place. Quand un homme est élevé au premier rang, et qu'une portion du pouvoir suprême est remise en ses mains, il rencontre peu d'obstacles dans ses amours. Vous avez plu à Monsieur qui ne se fera connaître à vous que quand il sera heureux. Cédez donc à ses désirs, et le sort le plus digne d'envie sera votre partage.

— O Ciel! à qui m'as-tu livrée?

— A un homme qui vous adore, reprit Ducrey, et qui a juré de vous posséder à tel prix que ce soit.

— Dieu! quels accens!

— Ce sont ceux d'un amant qui ne peut vivre sans vous.

Ducrey fit signe à Lefort de se retirer, et, quand il fut seul avec Juliette, il se précipita sur elle, et voulut l'arracher du lieu où elle s'était réfugiée; mais, quoiqu'elle fût en proie à la plus vive

douleur, elle trouva la force de le re-
pousser.

— Pourquoi cette vaine résistance?
lui dit-il; vous ne pouvez m'échapper.
cédez donc à mes vœux, fille adorable,
et croyez que je ferai tout pour vous
faire oublier mes violences. Tenez,
ajouta-t-il en tirant de sa poche un
écrin qu'il fit briller aux yeux de la
jeune fille, pour vous donner une idée
de ce que je me propose de faire en votre faveur, si vous consentez à devenir
mon épouse, voici une preuve de ma
magnificence. Ces diamans représen-
tent une valeur de cent mille écus ;
mais ce n'est rien en comparaison des
présens dont je veux vous accabler. En
attendant, recevez ce premier gage de
ma générosité. Je veux vous combler

6*

de bienfaits, Juliette; si j'avais uue couronne, je la mettrais à vos pieds.

— Au nom du Ciel, Monsieur, gardez vos diamans, et laissez-moi l'honneur.

— Ils vous sont destinés, Mademoiselle, continua Ducrey en mettant l'écrin dans le sac de Juliette. Je veux que vous les preniez... Mais, de grâce, cessez de vous affliger, et venez auprès de moi.

— Ah! Monsieur, si votre cœur n'est pas entièrement fermé à tout sentiment d'humanité, renoncez à perdre une pauvre fille qui ne vous a fait aucun mal, qui ne vous connaît point, et qui vous promet de ne jamais révéler les violences que vous osez commettre.

— Mon amour est trop ardent pour

que je ne cherche pas à profiter des avantages que j'ai sur vous, maintenant que vous êtes en ma puissance. Vous ne me connaissez point, il est vrai... mais, moi, je vous ai vue vingt fois peut-être, et la première a suffi pour embraser mon cœur. Depuis cet instant fatal, j'ai perdu le repos, et je ne le retrouverai que quand je me serai rendu maître de votre destinée. J'exige de vous ce sacrifice ; je l'obtiendrai par la force, s'il le faut ; mais ne croyez pas que je redoute les suites de ce que vous considérez sans doute comme un attentat. Sachez que, par ma position, je suis au dessus de toutes les lois,

— Qui que vous soyez, ayez pitié de moi. Laissez-moi sortir de cet horrible lieu, et renoncez à un projet indigne d'un honnête homme.

— Vous ne recouvrerez la liberté que quand vous vous serez donnée à moi.

— Je préférerais la mort.

— Hé bien! cruelle, puisque tu le veux, mon crime sera ton ouvrage. Oui, avant de te précipiter dans la tombe, j'assouvirai la passion qui domine mes sens. Tes cris, tes larmes, ton désespoir ne sauraient désarmer mon courroux.

Il voulut l'entraîner vers le lit; mais elle tenait les barreaux avec tant de force, qu'il ne put l'en arracher. Alors, saisissant son poignard, il allait lui percer le cœur, lorsque, s'arrêtant tout à coup, il chercha à l'effrayer par un spectacle digne de son ame atroce.

— Tiens, lui dit-il, regarde à travers la fenêtre : vois cet homme qui achève de creuser cette fosse; hé bien! c'est là au pied de cette croix que tu vas être ensevelie si tu persistes dans tes refus. Décide-toi donc, si tu veux éviter de sentir la lame de mon poignard.

— Quelle horreur!

—Mais non; avant de le plonger dans ton sein, il faut que je sois satisfait.

Ducrey, au risque de briser les mains de sa victime, parvint à l'arracher des barreaux auxquels elle se tenait cramponnée. Juliette, forcée de céder à ses efforts, jeta un cri et s'évanouit. L'infâme, profitant de l'avantage que lui donnait sa force, la prit dans ses bras, la porta sur le lit, et se disposait déjà à flétrir son innocence, quand le bruit causé par un éboulement et suivi de cris épouvantables vint frapper son oreille. C'était la croix de pierre qui dominait la fosse destinée à Juliette, qui, en tombant avec fracas, venait d'écraser Hubert.

— Au secours! cria Lefort, venez, mon maître, venez. Aidez-moi à sauver ce malheureux, s'il en est temps encore. Ducrey vola auprès de Lefort, et se disposait à l'aider à retirer Hubert des débris sous lesquels il était enseveli, lorsqu'ils s'aperçurent qu'il était sans vie.

— Il est mort, dit Lefort! une pierre lui a brisé le crâne. L'imprudent a creusé cette fosse trop près de la base de cette croix qui déjà menaçait ruine : il l'aura ébranlée d'un coup de pioche.

— Tant pis pour le pauvre diable. Pourquoi s'y est-il pris si maladroitement?

— Que faire de son cadavre?

— Il est là..... qu'il y reste!

— Si nous jetions un peu de terre sur lui.

— Tu as raison..... justement voici des outils dont nous pouvons nous servir..... Vite à l'ouvrage! a nous deux, nous aurons bientôt fait.

Ils se hâtèrent de combler la fosse; mais, au moment de terminer cette opération, ils entendirent les pas précipités de plusieurs personnes qui se dirigeaient vers eux.

— Malédiction! s'écria Ducrey..... J'aperçois trois hommes..... fuyons.

— Arrêtez! misérables, cria Prosper

en se jetant sur leur passage. Vous êtes venus ici dans de mauvais desseins. Il faut nous dévoiler le mystère dont vous vous enveloppez; il faut que nos soupçons soient éclairés.

Juliette, revenue à elle et reconnaissant la voix de son amant, s'élança vers la fenêtre.

— Prosper! s'écria-t-elle, c'est le Ciel qui t'envoie à mon secours.

— Juliette!..... Quoi! c'était pour toi qu'ils avaient préparé cette prison!..... Les monstres! ils périront.

— Jeune homme, dit Lefort en revenant vers Prosper, vous êtes dans votre droit; mais, croyez-moi, gardez-vous d'en user envers Monsieur. Vous pourriez me tuer sans que cela vous compromît; mais il n'en serait pas de même à l'égard de Monsieur qui exerce de hautes fonctions dans l'État.

— Voilà donc pourquoi vous êtes masqués!..... mais que m'importe le rang de cet homme?

— De grace, M. Prosper, reprit Joseph à voix basse, laissez-le partir. Songez combien je suis intéressé à éviter l'action de la police.

— Vils scélérats! si nous épargnons votre vie, ne croyez pas que ce soit par ménagement pour ces infâmes : ma vengeance est enchaînée par une autre considération. Allons, sortez d'ici, et que ceci vous serve de leçon.

Prosper et Périn dirigèrent le bout de leurs pistolets sur eux, et les tinrent en respect, jusqu'à ce qu'ils fussent en dehors du cimetière. Ils se hâtèrent de se rendre dans la prison dont Joseph venait d'ouvrir la porte. Les deux amans se jetèrent dans les bras l'un de l'autre, et rendirent graces au Ciel d'avoir fait échouer une tentative aussi criminelle.

Juliette n'eut rien de plus pressé que de s'éloigner d'un lieu où elle avait été en butte aux outrages de son infâme ravisseur. Appuyée sur Prosper et Joseph, elle quitta cet affreux séjour en bénissant ses libérateurs.

Périn, avant de sortir, ramassa le châle et le sac que Juliette avait laissés sur la table.

Ils gagnèrent la petite ruelle où donnait la porte découverte par Joseph, rejoignirent la voiture qui les attendait au détour du chemin de ronde, et partirent.

Telle fut l'issue de cette entreprise criminelle qui faillit faire couler bien des larmes, et dont l'auteur se consola, en s'abandonnant aux conseils de son digne confident qui, le soir même, l'entraîna chez Barras où ils passèrent la nuit au milieu des plaisirs.

XIV.

L'ÉCRIN.

Prosper s'empressa d'expliquer à Juliette les causes qui avaient amené sa délivrance. Quand elle connut toutes les obligations qu'elle avait à Joseph, elle fit éclater la reconnaissance dont son cœur était pénétré, et, comme son amant ne crut pas devoir lui faire un mystère de la véritable condition de ce vieillard, elle redoubla d'égards pour lui , et prit à son sort le plus vif intérêt.

Quant à Prosper, il lui fit toutes sortes d'offres de service ; mais Joseph ne voulut point les accepter.

—Laissez-moi, je vous prie, lui dit-il, dans l'état obscur où le sort m'a placé. Si j'en sortais en ce moment, je fixerais l'attention sur moi, et c'est ce que je dois éviter avec soin. Je veux donc rester dans mon obscurité, jusqu'à ce qu'un temps plus heureux me permette de réclamer contre la mesure injuste qui me frappe comme émigré. J'espère prouver un jour que je n'ai point porté les armes contre mon pays. Alors

on me rendra justice, et ma proscrip-
tion cessera. En attendant, je continue-
rai à vivre comme je le fais, et demain,
ainsi que je m'y suis engagé, vous me
trouverez chez M. David.

Ce fut vainement que le jeune peintre
lui fit de nouvelles instances; Joseph
persista dans sa résolution, et, lorsque
la voiture passa rue Saint-Benoît, loin
d'accepter l'offre que lui fit Juliette de
venir souper avec Prosper et Périn, il
en descendit, et se retira chez lui.

Quand les deux amans et Périn ren-
trèrent à la maison, ils se concertèrent
sur ce qu'ils devaient faire relativement
à ce qui venait de se passer.

— Si vous m'en croyez, dit Périn,
vous ne révèlerez cette aventure à qui
que ce soit, pas même à M. Chapsal.

Selon les apparences, l'auteur de ce rapt est un grand personnage, Barras peut-être; car celui que nous avons remarqué est de la même taille, et de la même corpulence que ce directeur, et c'est, parmi nos gouvernans, le seul qui soit capable d'une telle action.

— En effet, reprit Prosper, puisque cet homme exerce les premières fonctions de l'État, ce ne peut-être que l'exécrable Barras dont tout le monde connaît les mœurs dissolues et l'affreux despotisme... Vous savez sans doute comme il vient de se conduire à l'égard d'un des rédacteurs du *Courrier républicain*.

— Vous voulez parler de l'abbé Poncelin qui avait osé signaler, dans un article virulent, plusieurs turpitudes

de ce directeur. On assure que ce malheureux a été amené garrotté en sa présence, et qu'il l'a fait cruellement fus-
tiger. On ajoute que l'abbé Poncelin
vient de mourir des suites des horribles
traitemens qui lui ont été infligés.

— Ce n'est que trop vrai : c'est
pourquoi il faut être prudent, et ne
rien ébruiter.

Ce qui servit à changer leurs conjec-
tures en certitude, ce fut le riche écrin
que Juliette trouva dans son sac. Ne
doutant plus que l'auteur de l'attentat
ne fût Barras lui-même, il fut convenu
entr'eux qu'ils n'ébruiteraient rien à ce
sujet, et que l'objet précieux laissé entre les mains de Juliette serait restitué,
dès qu'on le réclamerait.

XV.

L'ATELIER DE DAVID.

Le lendemain, comme Prosper et Juliette se disposaient à aller chez David, Chapsal leur annonça qu'il voulait leur donner un dîner magnifique chez un des meilleurs restaurateurs de Paris, et que son intention était d'y inviter le grand peintre.

— Le ministre de la police, ajouta-t-il, m'a écrit de me rendre ce matin dans son cabinet : j'ai l'idée que c'est pour m'annoncer quelque chose de bon. Ainsi donc, mes enfans, j'irai vous retrouver chez David : prévenez-le que je veux absolument qu'il soit des nôtres.

Les deux amans trouvèrent David dans le ravissement. Quatre heures de travail d'après Joseph lui avaient suffi pour achever la tête de son Ossian, et jamais, disait-il, il n'avait réussi à faire aussi bien.

— Je suis heureux, Mademoiselle, ajouta-t-il en s'adressant à Juliette, de ce que vous voulez bien contribuer à la confection de mon tableau. Jamais je n'ai eu à ma disposition, comme aujourd'hui, deux modèles qui réunissent toutes les sortes de perfections..... voyons, Mademoiselle; placez-vous là... approchez-vous de votre père... entendez-vous? Figurez-vous bien que c'est là votre père... et vous, brave homme, songez que vous représentez Ossian; étendez les bras vers votre fille, votre chère Malvina... Soyez l'un et l'autre émus... Bien!... très-bien! c'est cela... Oh! vous vous identifiez on ne peut mieux avec mes personnages : c'est à faire illusion... maintenant ne faites aucun mouvement... Je vais, Mademoiselle, tâcher de reproduire vos traits et donner la dernière touche à la figure du vieillard.

David reprit son pinceau, et travailla avec un zèle extraordinaire.

— Mon cher maître, lui dit Prosper, je remarque que vous avez aujourd'hui une facilité prodigieuse. Je ne vous ai jamais vu mettre autant de célérité dans votre travail.

— J'ai deux bonnes raisons pour cela, mon ami : la première, c'est que je suis si satisfait de mes modèles, que je n'éprouve aucune difficulté; la seconde, c'est que l'amateur pour lequel je fais ce tableau me presse chaque jour de l'achever : je suis même surpris qu'il ne soit pas encore arrivé.

Sur ces entrefaites, on vint annoncer M. de Pressigny. Juliette tressaillit; Joseph resta immobile.

— Ne bougez pas, leur dit David....

Hoé bien ! M. de Pressigny, vous voyez qu'on s'occupe de vous.

— Que vois-je?.... Comment se fait-il que cette demoiselle....

— Me serve de modèle ? n'est-ce pas ce que vous alliez dire ? cela vous étonne sans doute ; mais c'est un acte de complaisance dont je lui saurai gré toute ma vie, et, de votre côté, Monsieur, vous devez être enchanté....

David fut interrompu par Chapsal qui entra sans se faire annoncer, et s'avança d'un air radieux au milieu de l'atelier.

— Bonne nouvelle, mes enfans, s'écria-t-il, excellente nouvelle! Je sors de chez le ministre à qui j'ai cédé la terre de Brécy; mais, en échange, ma chère Juliette, votre père est rayé de la liste des émigrés.

— Serait-il vrai, M. Chapsal? Êtes-vous certain de ce que vous avancez ?

— Si j'en suis sûr! répondit Chapsal en tirant un papier de son porte-feuille. Tenez, ma chère, regardez ceci; c'est la copie de l'arrêté qui prononce sa radiation... Lisez : il y a bien là *le ci-devant marquis de Vermont.*

— Qu'entends-je? s'écria Joseph.... Quoi! cet écrit concernerait de Vermont, et cette demoiselle serait sa fille!

— Sans doute, mon vieux : est-ce que vous auriez connu ce digne homme?

— Ma fille! viens sur mon cœur; je suis de Vermont!

— Mon père! s'écria Juliette en se jetant dans les bras du vieillard.

Tandis que le père et la fille restaient étroitement embrassés , et versaient des larmes d'attendrissement, Chapsal et son fils se livraient à la joie la plus vive. David éprouvait aussi la plus agréable émotion ; mais Ducrey ne savait quelle contenance tenir. Craignant des explications qui ne pouvaient que tourner à sa honte, il allait s'esquiver, quand Chapsal le reconnut.

— Que vois-je? s'écria-t-il.... Voilà celui qui voulait absolument me racheter l'hôtel de la rue de Vaugirard. Il demandait aussi à épouser Juliette, et, pour me faire consentir à ce mariage, il proposait de m'indiquer un trésor appartenant à M. de Vermont.

— Je reconnais cet homme, reprit de Vermont; c'est l'ex-prêtre Ducrey en qui j'eus une confiance trop aveugle. La renommée de ses forfaits m'est parvenue jusque dans mon exil.

— Elle vous a trompé, Monsieur, dit Ducrey avec fierté; je fus injustement accusé d'avoir participé aux crimes de Carrier, et, ce qui prouve mon innocence, c'est que je fus acquitté à l'unanimité. Au surplus, vos préventions contre moi ne peuvent durer long-temps : le nom de *Ducrey de Pressigny* est honoré dans la capitale. J'y jouis de la meilleure réputation, et j'ose espérer que vous ne tarderez pas à me rendre votre amitié à laquelle j'attache le plus grand prix.... J'ai l'honneur de vous saluer.

Il se retira.

Il serait difficile de décrire la scène touchante qui suivit la sortie de Ducrey. Elle donna lieu à l'expression des sentimens les plus pathétiques et aux plus doux épanchemens. Bien des larmes furent versées; mais elles n'avaient rien d'amer : elles provenaient d'émotions qui agissaient puissamment sur des cœurs sensibles et les remplissaient d'un bonheur ineffable.

Les explications qui eurent bientôt lieu firent connaître à de Vermont tout ce qu'il devait à Chapsal et à Posper, et lui prouvèrent qu'un bienfait est rarement perdu; car le pauvre chaudronnier auvergnat, qu'il avait jadis obligé si généreusement, était devenu à son tour son protecteur. Pénétré de re-

7*

connaissance envers ce brave homme et son fils, il la leur témoignait avec toute l'exaltation d'une ame brûlante. Il serrait alternativement contre son sein sa fille et son gendre futur, et appelait sur leurs têtes les bénédictions du Ciel.

Il ne manquait plus à son bonheur que de revoir Roger; mais ce brave était en Égypte.

— Ah çà! mes amis, dit Chapsal, nous avons assez pleuré : ne pensons plus maintenant qu'à nous réjouir. Une réunion aussi inespérée doit être célébrée en famille. Je vais vous emmener dîner chez Beauvilliers. Là, nous fêterons joyeusement ce cher M. de Vermont que le Ciel nous a conservé.

— Avant tout, dit David, il faut

qu'il change de costume : ma garde-robe est à son service.

D'après les ordres de David, son valet de chambre procura à de Vermont tout ce dont il avait besoin, et il reparut bientôt avec sa barbe faite, et vêtu d'une manière convenable.

Chapsal envoya un commissionnaire à Périn qui les rejoignit chez Beauvilliers. Il prit la plus grande part à ce qui causait l'allégresse de ces heureux convives, et admira comme eux les décrets de la Providence qui mettait enfin un terme aux malheurs d'un homme qui avait expié ses erreurs par une si longue et si cruelle adversité.

Cette réunion se prolongea fort avant dans la nuit, et, lorsqu'on se retira, de Vermont vint provisoirement s'installer dans la maison de Chapsal.

Quand on lui montra l'écrin trouvé dans le sac de Juliette, il le reconnut pour celui qu'il avait donné à Marie en se séparant d'elle, et l'on pensa que cet objet ayant été dérobé à cette infortunée par ses assassins, avait été vendu au ravisseur de sa fille.

XVI.

CONCLUSION.

M. de Vermont ne tarda pas à habiter son ancien hôtel, avec sa fille, Chapsal et Prosper.

Les deux amans se marièrent peu de temps après, et jamais union ne fut mieux assortie.

Chapsal acheta en Touraine une terre magnifique où il se retira avec ses enfans et de Vermont qui ne voulut jamais se séparer de sa famille. Ils conservèrent leur hôtel de la rue de Vaugirard ; mais ils ne l'habitaient que deux ou trois mois dans le cours de l'année.

Périn, après avoir fait une fortune rapide, se retira dans le même pays que son bienfaiteur. Il y acquit des propriétés ; s'y maria avantageusement, et est maintenant un des plus riches électeurs du département d'Indre et Loire.

Chapsal mourut en 1810 d'une attaque d'apoplexie.

Roger, fait général à son retour d'Égypte, trouva dans les plaines de

Watérloo le terme de sa glorieuse carrière.

De Vermont ne put survivre aux désastres de son pays ; la présence des Cosaques en France lui causa un chagrin si violent, qu'il fit une maladie qui l'emporta en peu de jours.

Lefort étant tombé dangereusement malade en 1814, les remords, qui depuis quelque temps tourmentaient sa conscience, aggravèrent son mal. S'étant avisé, au milieu de ses souffrances, de reprocher à Ducrey de l'avoir entraîné dans le crime, cet infâme se délivra par le poison d'un homme dont l'indiscrétion pouvait lui être fatale.

Quant à Ducrey, il resta éloigné des affaires pendant l'empire ; mais, lorsque l'étoile de Napoléon pâlit, il voulut profiter des malheurs de la France pour satisfaire son ambition. Lié jadis avec Fouché, ce ministre, qui a laissé un nom exécré, l'employa dans ses négociations avec les Bourbons, et l'envoya secrètement à Hartwel, auprès de Louis XVIII. A la restauration, il fut anobli et récompensé magnifiquement. Ayant eu depuis l'occasion de se montrer un des plus chauds partisans *de l'autel et du trône*, surtout lorsqu'il fut appelé à présider une cour prévôtale, il fut comblé des faveurs de Louis XVIII, qui le décora de plusieurs ordres et lui accorda le titre de comte. Il affecta une dévotion qui fut remarquée à la cour de ce prince, et son hypocrisie lui valut les bonnes graces de la duchesse d'An-

goulême qui le fit nommer marquis. Il
se lia intimement avec un certain cardi-
nal qui le chargea d'une mission secrète
dont le résultat fut si funeste aux ha-
bitans des campagnes : ce fut lui qui
organisa les nombreux incendies qui,
sous le ministère de Polignac, déso-
lèrent plusieurs départemens. A la révolution de 1830, il s'enfuit dans le fond
d'un village ; mais, dès qu'il sut que
les gens du lendemain s'empressaient de
recueillir les fruits des trois journées,
on le vit parmi la foule des courtisans
qui assiégeaient le Palais-Royal. Depuis
lors, ce caméléon politique ne cesse de
flatter le gouvernement de Louis-Phi-
lippe. Partout il se montre le plus zélé
partisan de l'étrange système que *ce roi-
citoyen* a cru convenable d'adopter pour

le bonheur et la gloire de la France. Enfin M. le ci-devant comte de Pressigny, devenu marquis de ***, ne cesse de vanter le nouvel ordre de choses. Cet homme, chamarré de croix et de cordons, est aussi fier et arrogant envers ceux qui dépendent de lui, qu'il est vil et remuant avec les hommes du pouvoir. Aspirant à la pairie, il est sans cesse dans les antichambres des ministres. Il ne serait pas étonnant qu'il figurât un jour à la noble chambre.

FIN DU QUATRIÈME ET DERNIER VOLUME.

TABLE DES MATIÈRES

FIN DE LA TABLE.

www.ingramcontent.com/pod-product-compliance
Lightning Source LLC
LaVergne TN
LVHW050752200726
843507LV00001B/105